BAHAYA ZINA

IBNU QAYYIM AL JAUZIYAH

Pendahuluan	4
Bahaya Zina	4
Empat Pintu Masuk Maksiat Menuju Manusia	11
1- Al Lahazhat (Lirikan Mata)	11
2- Al Khatharat (Pikiran Yang Terlintas)	18
3- Al Lafazhat (Ungkapan Kata Kata)	32
4- Al Khuthuwat (Langkah Nyata Untuk Sebuah Perbuatan)	43
Zina Disetarakan Dengan Kufur Dan Membunuh.	46
Pengkhususan hukum zina dengan tiga hal	52
Pelaku maksiat dikhawatirkan akan mati su'ul khatimah	59

Pendahuluan

اَلْحَمْدُ لِلَّهِ رَبِّ الْعَالَمِيْنَ، أَشْهَدُ أَنْ لَا إِلَهَ إِلَّا اللَّهُ وَحْدَهُ لَا شَرِيْكَ لَهُ وَأَشْهَدُ أَنَّ مُحَمَّدًا عَبْدُهُ وَرَسُوْلُهُ ﷺ وَعَلَى آلِهِ وَأَصْحَابِهِ وَسَلَّمَ تَسْلِيْمًا، أَمَّا بَعْدُ؛

Imam Ibnu Qayyim Al Jauziyah dalam bukunya *"Al Jawabul Kaafi Liman Sa'ala 'an Ad Dawaa' Asy Syafi"*, mengungkapkan tentang:

Bahaya Zina

Melihat bahwa bahaya yang ditimbulkan oleh zina merupakan bahaya yang tergolong besar, disamping juga bertentangan dengan aturan universal yang diberlakukan untuk menjaga kejelasan nasab (keturunan), menjaga kesucian dan kehormatan diri, juga mewaspadai hal hal yang menimbulkan permusuhan serta perasaan benci diantara manusia, disebabkan pengrusakan terhadap kesucian istri, putri, saudara perempuan dan ibu mereka, yang ini semua jelas akan merusak tatanan kehidupan.

Melihat hal itu semua, pantaslah bahaya zina itu setingkat di bawah pembunuhan. Oleh karena itu, Allah ﷻ menggandeng keduanya di dalam Al-Qur'an, juga Rasulullah ﷺ dalam keterangan hadits beliau.

Al Imam Ahmad berkata, "Aku tidak mengetahui sebuah dosa – setelah dosa membunuh jiwa – yang lebih besar dari dosa zina."

Dan Allah menegaskan pengharaman zina dalam firman-Nya:

﴿ وَٱلَّذِينَ لَا يَدْعُونَ مَعَ ٱللَّهِ إِلَٰهًا ءَاخَرَ وَلَا يَقْتُلُونَ ٱلنَّفْسَ ٱلَّتِى حَرَّمَ ٱللَّهُ إِلَّا بِٱلْحَقِّ وَلَا يَزْنُونَ ۚ وَمَن يَفْعَلْ ذَٰلِكَ يَلْقَ أَثَامًا ۝ يُضَٰعَفْ لَهُ ٱلْعَذَابُ يَوْمَ ٱلْقِيَٰمَةِ وَيَخْلُدْ فِيهِۦ مُهَانًا ۝ إِلَّا مَن تَابَ ﴾

"Dan orang orang yang tidak menyembah Tuhan lain beserta Allah dan tidak membunuh jiwa yang diharamkan Allah (membunuhnya) kecuali dengan (alasan) yang benar, dan tidak berzina. Barang siapa yang melakukan demikian itu, niscaya dia mendapat (pembalasan) dosa(nya), (yakni) akan dilipat gandakan adzab untuknya pada hari kiamat dan dia akan kekal dalam azab itu, dalam keadaan terhina kecuali orang orang yang bertaubat" (QS. Al Furqan, 68 – 7).

Dalam ayat tersebut, Allah ﷻ menggandengkan zina dengan syirik dan membunuh jiwa, dan hukumannya kekal dalam azab yang berat dan dilipat gandakan, selama pelakunya tidak menetralisir hal tersebut dengan cara bertaubat, beriman dan beramal shalih.

Allah ﷻ berfirman:

"Dan janganlah kamu mendekati zina, sesungguhnya zina itu adalah suatu perbuatan yang keji (fahisyah) dan suatu jalan yang buruk." (QS. Al Isra': 32).

Di sini Allah ﷻ menjelaskan tentang kejinya zina, karena kata *"**fahisyah**"* maknanya adalah perbuatan keji atau kotor yang sudah mencapai tingkat yang tinggi dan diakui kekejiannya oleh setiap orang yang berakal, bahkan oleh sebagian banyak binatang.

Sebagaimana disebutkan oleh Imam Bukhari dalam kitab shahihnya, dari Amru bin Maimun Al Audi, ia berkata, "Aku pernah melihat – pada masa jahiliyah – seekor kera jantan yang berzina dengan seekor kera betina, lalu datanglah kawanan kera mengerumuni mereka berdua dan melempari keduanya sampai mati."

Kemudian Allah ﷻ juga memberitahukan bahwa zina adalah seburuk-buruk jalan, karena merupakan jalan kebinasaan, kehancuran dan kehinaan di dunia, siksaan dan azab di akhirat.

Dan karena menikahi bekas istri-istri ayah termasuk perbuatan yang sangat jelek sekali, sehingga Allah ﷻ secara khusus memberikan "cela" tambahan bagi orang yang melakukannya.

Allah ﷻ berfirman (setelah secara tegas melarang kaum muslimin untuk menikahi bekas istri-istri ayah mereka, pent.):

$$\bijsmillah إِنَّهُۥ كَانَ فَٰحِشَةً وَمَقْتًا وَسَآءَ سَبِيلًا$$

"Sesungguhnya perbuatan itu amat keji dan dibenci Allah dan seburuk buruk jalan (yang ditempuh)." (QS. An Nisa': 22).

Allah ﷻ juga mensyaratkan keberuntungan seorang hamba pada kemampuannya dalam menjaga kesuciannya, tidak ada jalan menuju keberuntungan kecuali dengan menjaga kesucian.

Allah ﷻ berfirman:

$$قَدْ أَفْلَحَ ٱلْمُؤْمِنُونَ ۝ ٱلَّذِينَ هُمْ فِى صَلَاتِهِمْ خَٰشِعُونَ ۝ وَٱلَّذِينَ هُمْ عَنِ ٱللَّغْوِ مُعْرِضُونَ ۝ وَٱلَّذِينَ هُمْ لِلزَّكَوٰةِ فَٰعِلُونَ ۝ وَٱلَّذِينَ هُمْ لِفُرُوجِهِمْ حَٰفِظُونَ ۝ إِلَّا عَلَىٰٓ أَزْوَٰجِهِمْ أَوْ مَا مَلَكَتْ أَيْمَٰنُهُمْ فَإِنَّهُمْ غَيْرُ مَلُومِينَ ۝ فَمَنِ ٱبْتَغَىٰ وَرَآءَ ذَٰلِكَ فَأُو۟لَٰٓئِكَ هُمُ ٱلْعَادُونَ ۝$$

"Sesungguhnya beruntunglah orang-orang yang beriman, (yaitu) orang-orang yang khusyu' dalam shalatnya, dan orang-orang yang menjauhkan diri dari

(perbuatan dan perkataan) yang tiada berguna, dan orang-orang yang menunaikan zakat, dan orang-orang yang menjaga kemaluannya kecuali terhadap istri-istri mereka, atau budak-budak yang mereka miliki, maka sesungguhnya mereka dalam hal ini tiada tercela. Barang siapa yang mencari yang dibalik itu, maka mereka itulah orang-orang yang melampaui batas." (QS. Al Mu'minun: 1 – 7).

Dalam ayat-ayat ini ada tiga hal yang diungkapkan:

Pertama: bahwa orang yang tidak menjaga kemaluannya, tidak termasuk orang yang beruntung.

Kedua: dia termasuk orang yang tercela.

Ketiga: dia termasuk orang yang melampaui batas.

Jadi, dia tidak akan mendapat keberuntungan, serta berhak mendapat predikat "melampaui batas", dan jatuh pada tindakan yang membuatnya tercela. Padahal beratnya beban dalam menahan syahwat itu, lebih ringan ketimbang menanggung sebagian akibat yang disebutkan tadi.

Selain itu pula, Allah ﷻ telah menyindir manusia yang selalu berkeluh kesah, tidak sabar dan tidak mampu mengendalikan diri saat mendapatkan kebahagiaan, demikian pula kesusahan. Bila mendapat kebahagiaan dia menjadi kikir, tak mau memberi, dan bila mendapat kesusahan, dia banyak mengeluh. Begitulah tabiat manusia, kecuali orang-orang yang memang dikecualikan dari hamba-hamba-Nya yang sukses, diantaranya adalah mereka yang disebut di dalam firman-Nya:

$$\text{﴿ وَالَّذِينَ هُمْ لِفُرُوجِهِمْ حَافِظُونَ ۝ إِلَّا عَلَىٰ أَزْوَاجِهِمْ أَوْ مَا مَلَكَتْ أَيْمَانُهُمْ فَإِنَّهُمْ غَيْرُ مَلُومِينَ ۝ فَمَنِ ابْتَغَىٰ وَرَاءَ ذَٰلِكَ فَأُولَٰئِكَ هُمُ الْعَادُونَ ﴾}$$

"Dan orang-orang yang memelihara kemaluannya, kecuali terhadap istri-istri mereka atau budak-budak yang mereka miliki, maka sesungguhnya mereka dalam hal ini tiada tercela. Barang siapa yang mencari dibalik itu maka mereka itulah orang-orang yang melampaui batas." (QS. Al Ma'arij: 29 – 31).

Oleh karenanya, Allah ﷻ memerintahkan Nabi-Nya ﷺ untuk memerintahkan orang-orang mu'min agar menjaga pandangan dan kemaluan mereka, juga diberitahukan kepada mereka bahwa Allah ﷻ selalu menyaksikan dan memperhatikan amal perbuatan mereka.

$$\text{﴿ يَعْلَمُ خَائِنَةَ الْأَعْيُنِ وَمَا تُخْفِي الصُّدُورُ ﴾}$$

"Dia mengetahui (pandangan) mata yang khianat dan apa yang disembunyikan oleh hati." (QS. Ghafir: 19).

Dan karena ujung pangkal perbuatan zina yang keji ini tumbuh dari pandangan mata, maka Allah ﷻ lebih mendahulukan perintah memalingkan pandangan mata sebelum perintah menjaga kemaluan, karena banyak musibah besar yang berasal dari pandangan; seperti kobaran api yang besar berasal dari bunga api. Mulanya hanya pandangan, kemudian khayalan, kemudian langkah nyata, kemudian tindak kejahatan besar (zina).

Oleh karena itu, ada yang mengatakan bahwa barang siapa yang bisa menjaga empat hal, maka berarti dia telah menyelamatkan agamanya: *Al Lahazhat* (pandangan mata), *Al Khatharat* (pikiran yang terlintas di hati), *Al Lafazhat* (ucapan), *Al Khuthuwat* (langkah nyata untuk sebuah perbuatan).

Dan seyogyanya, seorang hamba Allah menjadi penjaga empat pintu di atas dengan penuh siap siaga agar tidak kecolongan, sebab dari sana musuh menyusup, menyerang dan merasuk kedalam dirinya dan merusak segalanya.

EMPAT PINTU MASUK MAKSIAT MENUJU MANUSIA

Umumnya maksiat menyerang seorang hamba, melalui empat pintu yang telah disebutkan di atas.

Sekarang, marilah kita ikuti pembahasan tentang empat pintu tersebut, di bawah ini:

1- Al Lahazhat (Pandangan Mata).

Lirikan adalah pelopor, atau "utusan" syahwat. Oleh karenanya, menjaga pandangan merupakan modal dalam usaha menjaga kemaluan. Maka barang siapa yang melepaskan pandangannya tanpa kendali, niscaya dia akan menjerumuskan dirinya sendiri ke jurang kebinasaan.

Rasulullah ﷺ bersabda:

((لاَ تُتْبِعْ النَّظْرَةَ النَّظْرَةَ، فَإِنَّمَا لَكَ الأُوْلَى وَلَيْسَتْ لَكَ الأُخْرَى))

"Janganlah kamu ikuti pandangan (pertama) itu dengan pandangan (berikutnya). Pandangan (pertama) itu boleh, tapi tidak dengan pandangan selanjutnya." (HR. At Turmudzi, hadits hasan gharib).

Di dalam musnad Imam Ahmad, diriwayatkan dari Rasulullah ﷺ, beliau bersabda:

((النَّظْرَةُ سَهْمٌ مَسْمُومٌ مِنْ سِهَامِ إِبْلِيسَ، فَمَنْ غَضَّ بَصَرَهُ عَنْ مَحَاسِنِ امْرَأَةٍ لِلهِ أَوْرَثَ اللهُ قَلْبَهُ حَلَاوَةً إِلَى يَوْمٍ يَلْقَاهُ))

"Pandangan itu adalah anak panah beracun milik iblis. Maka barang siapa yang memalingkan pandangannya dari kecantikan seorang wanita, ikhlas karena Allah semata, maka Allah akan memberikan di hatinya kenikmatan hingga hari kiamat." (HR. Ahmad).

Beliau juga bersabda:

((غُضُّوْا أَبْصَارَكُمْ وَاحْفَظُوْا فُرُوْجَكُمْ))

"Palingkanlah pandangan kalian, dan jagalah kemaluan kalian." (HR. At Thabrani dalam Al mu'jam al kabir).

Dalam hadits lain beliau bersabda:

((إِيَّاكُمْ وَالْجُلُوْسَ عَلَى الطُّرُقَاتِ, قَالُوْا: يَا رَسُوْلَ اللهِ, مَجَالِسُنَا, مَا لَنَا بُدٌّ مِنْهَا. قَالَ: فَإِنْ كُنْتُمْ لَا بُدَّ فَاعِلِيْنَ فَأَعْطُوا الطَّرِيْقَ حَقَّهُ، قَالُوْا: وَمَا حَقُّهُ؟ قَالَ: غَضُّ البَصَرِ وَكَفُّ الأَذَى وَرَدُّ السَّلَامِ))

"Janganlah kalian duduk-duduk di (pinggir) jalan", mereka berkata, *"ya Rasulallah, tempat-tempat duduk kami pasti di pinggir jalan"*, beliau bersabda, *"Jika kalian memang harus melakukannya, maka berikan hak jalan"*, mereka bertanya, *"Apa hak jalan itu? beliau menjawab, "Memalingkan pandangan (dari hal-hal yang dilarang Allah, pent.), menyingkirkan gangguan, dan menjawab salam."* (HR. Muslim).

Pandangan adalah pangkal petaka yang menimpa manusia. Sebab, pandangan akan melahirkan lintasan dalam hati, kemudian lintasan akan melahirkan pikiran, dan pikiran akan melahirkan syahwat, dan syahwat membangkitkan keinginan, kemudian keinginan itu menjadi kuat, dan berubah menjadi tekad yang bulat. Akhirnya apa yang tadinya melintas dalam pikiran menjadi kenyataan, dan itu pasti akan terjadi selama tidak ada yang menghalanginya.

Oleh karena itu, dikatakan oleh sebagian ahli hikmah bahwa "bersabar dalam menahan pandangan mata (bebannya) lebih ringan dibanding harus menanggung beban penderitaan yang ditimbulkannya."

Seorang pujangga berperi:

كُلُّ الْحَوَادِثِ مَبْدَاهَا مِنَ النَّظَرِ

وَمُعْظَمُ النَّارِ مِنْ مُسْتَصْغَرِ الشَّرَرِ

كَمْ نَظْرَةً بَلَغَتْ مِنْ قَلْبِ صَاحِبِها

كَمَبْلَغِ السَّهْمِ بَيْنَ الْقَوْسِ وَالْوَبَرِ

وَالْعَبْدُ مَا دَامَ ذَا طَرَفٍ يُقَلِّبُهُ

فِيْ أَعْيُنِ الْغَيْرِ مَوْقُوْفٌ عَلَى الْخَطَرِ

يَسُرُّ مُقْلَتَهُ مَا ضَرَّ مُهْجَتَهُ

لَا مَرْحَبًا بِسُرُوْرٍ عَادَ بِالضَّرَرِ

Setiap petaka bermula dari lirikan

laksana kobaran api berasal dari bunganya yang kecil.

Betapa banyak lirikan menembus hati tuannya

seperti anak panah mengenai sasaran, melesat dari busur dan senarnya.

Seorang hamba, selama dia masih mempunyai kelopak mata yang mengedip orang lain

maka dia berada dalam keadaan yang mengkhawatirkan.

(Dia memandang hal-hal yang) menyenangkan matanya, tapi membahayakan jiwanya

maka janganlah kau sambut kesenangan yang membawa petaka.

Di antara bahaya pandangan

Pandangan yang dilepaskan begitu saja itu akan menimbulkan perasaan gundah, tidak tenang dan hati panas terasa disulut. Terkadang mata seorang hamba melihat sesuatu, yang dia tidak sanggup menahan diri, membendung keinginan, namun tak kuasa mewujudkan keinginannya, tentu jiwanya sangat tersiksa; dapat melihat namun tak kuasa menjamahnya.

Seorang penyair berkata:

وَكُنْتَ مَتَى أَرْسَلْتَ طَرْفَكَ رَائِدًا

لَقَلْبِكَ يَوْمًا أَتْعَبَتْكَ الْمَنَاظِرُ

رَأَيْتَ الَّذِي لاَ كُلَّهُ أَنْتَ قَادِرُ
عَلَيْهِ وَلاَ عَنْ بَعْضِهِ أَنْتَ صَابِرُ

Bila -suatu hari- engkau lepaskan pandangan matamu menuntun hatimu

niscaya apa yang dipandangnya akan melelahkan (menyiksa) dirimu sendiri.

Engkau melihat sesuatu yang engkau tidak mampu mewujudkannya secara keseluruhan

dan engkau juga tak kuasa menahan diri untuk tidak melihat (walau hanya) sebagian saja.

Lebih jelasnya, maksud bait syair di atas: engkau akan melihat sesuatu yang engkau tidak sabar untuk tidak melihatnya walaupun sedikit, namun saat itu juga engkau tidak mampu untuk melihatnya sama sekali walaupun hanya sedikit.

Betapa banyak orang yang melepaskan pandangannya tanpa kendali, akhirnya dia binasa karena pandangan itu sendiri. Seperti gubahan seorang pujangga:

يَا نَاظِرًا مَا أَقْلَعَتْ لَحَظَاتُهُ ۞ حَتَّى تَشَحَّطَ بَيْنَهُنَّ قَتِيْلاً

Wahai orang yang suka melirik, matamu tak akan usai jelalatan

Hingga engkau jatuh bersimbah darah di antara lirikan matamu.

Ada untaian bait lain yang mengatakan:

مَلَّ السَّلَامَةَ فَاغْتَدَتْ لَحَظَاتُهُ ❈ وَقْفًا عَلَى طَلَلٍ يَظُنُّ جَمِيلاً

مَا زَالَ يَتْبَعُ إِثْرَهُ لَحَظَاتِهِ ❈ حَتَّى تَشَحَّطَ بَيْنَهُنَّ قَتِيلاً

Jemu sudah dia selamat, lalu ia biarkan matanya jelalat,

Berdiri di tempat tinggi menyaksikan segala yang diduganya indah.

Begitulah, dia terus larut, lirikan demi lirikan

hingga akhirnya jatuh bersimbah darah terbunuh di antara lirikan matanya.

Sungguh aneh, pandangan merupakan anak panah yang tidak pernah mengena sasaran yang dipandang, sementara anak panah itu benar-benar mengena hati orang yang memandang.

Ada untaian bait syair yang mengatakan:

يَا رَامِيًا سِهَامَ اللَّحَظِ مُجْتَهِدًا

أَنْتَ الْقَتِيْلُ بِمَا تَرْمِيْ فَلَا تُصِبْ

وَبَاعِثَ الطَّرْفِ يَرْتَادُ الشِّفَاءَ لَهُ

احْبِسْ رَسُوْلَكَ لَا يَأْتِيْكَ بِالْعَطَبِ

Wahai orang yang sungguh-sungguh melepas anak panah lirikannya, engkaulah sebenarnya yang terbunuh oleh anak panah yang engkau lepaskan, ia tidak mengenai sasaran yang engkau tuju.

Orang yang melepas pandangan akan kehilangan kesehatannya.

tahanlah pandanganmu, agar tidak mendatangkan petaka bagimu.

Suatu hal yang lebih mengherankan lagi, bahwa satu lirikan dapat melukai hati dan (dengan lirikan kedua) berarti dia menoreh luka baru di atas luka lama; namun ternyata perihnya luka-luka itu tak mencegahnya untuk kembali terus-menerus melukainya.

مَا زِلْتَ تُتْبِعُ نَظْرَةً فِي نَظْرَةٍ ۞ فِي إِثْرِ كُلِّ مَلِيحَةٍ وَمَلِيحِ

وَتَظُنُّ ذَاكَ دَوَاءَ جُرْحِكَ وَهْوَ فِي الـ ۞ تَّحْقِيقِ تَجْرِيحٌ عَلَى تَجْرِيحِ

فَذَبَحْتَ طَرْفَكَ بِاللِّحَاظِ وَبِالْبُكَاءِ ۞ فَالقَلْبُ مِنْكَ ذَبِيحٌ أَيُّ ذَبِيحِ

Kau senantiasa melirik satu demi satu,

menguntit (wanita) cantik dan (pria) tampan.

Kau kira dapat menawar luka (syahwat)mu,

Sesungguhnya engkau menoreh luka di atas luka.

Kau sembelih matamu dengan (pisau) lirikan dan tangisan,

hatimu juga tersembelih sejadinya.

Oleh karena itu dikatakan, "sesungguhnya menahan pandangan mata lebih mudah dari pada menahan penyesalan berkepanjangan."

2- Al Khatharat (Pikiran Yang Terlintas Di Hati).

Adapun "Al Khatharat" (pikiran yang terlintas di hati) maka urusannya lebih rumit. Di sinilah tempat bermulanya aktifitas, yang baik ataupun buruk. Dari sinilah lahirnya keinginan (untuk melakukan sesuatu) yang akhirnya berubah menjadi tekad yang bulat.

Maka siapa yang mampu mengendalikan pikiran-pikiran yang melintas di hatinya, niscaya dia akan mampu mengendalikan diri dan menundukkan hawa nafsunya. Dan orang yang tidak bisa mengendalikan pikiran-pikirannya, maka hawa nafsunya yang berbalik menguasainya. Dan barang siapa yang menganggap remeh pikiran-pikiran yang melintas di hatinya, maka ia akan diseret menuju diseret menuju kebinasaan secara paksa.

Pikiran-pikiran itu akan terus melintas di hati seseorang, sehingga akhirnya dia akan menjadi angan-angan tanpa makna (palsu).

﴿ وَٱلَّذِينَ كَفَرُوٓا۟ أَعْمَٰلُهُمْ كَسَرَابٍۭ بِقِيعَةٍ يَحْسَبُهُ ٱلظَّمْـَٔانُ مَآءً حَتَّىٰٓ إِذَا جَآءَهُۥ لَمْ يَجِدْهُ شَيْـًٔا وَوَجَدَ ٱللَّهَ عِندَهُۥ فَوَفَّىٰهُ حِسَابَهُۥ ۗ وَٱللَّهُ سَرِيعُ ٱلْحِسَابِ ﴾

"*Laksana fatamorgana di tanah yang datar, yang disangka air oleh orang-orang yang dahaga, tetapi bila ia mendatanginya maka ia tidak mendapatkannya walau sedikitpun, dan didapatinya (ketetapan) Allah di sisi-Nya, lalu Allah memberikan kepadanya perhitungan amalnya dengan cukup, dan Allah adalah sangat cepat perhitungan-Nya.*" (QS. An Nur: 39).

Orang yang paling nista cita-citanya dan paling hina jiwanya adalah orang yang merasa puas dengan angan-angan semu. Dia genggam angan-angan itu untuk dirinya dan dia pun merasa bangga dan senang dengannya. Padahal demi Allah, angan-angan itu adalah modal orang-orang yang pailit, dan barang dagangan para pengangguran serta merupakan makanan pokok jiwa yang hampa, yang bisa merasa puas dengan bayangan dalam hayalan, dan angan-angan palsu.

Seperti dikatakan oleh seorang penyair:

أَمَانِي مِنْ سُعْدَى رَوَّاءٍ عَلَى الظَّمَا

سَقَتْنَا بِهَا سُعْدَى عَلَى ظَمَأٍ بَرْدًا

مُنًى إِنْ تَكُنْ حَقًّا تَكُنْ أَحْسَنَ الْمُنَى

وَإِلَّا فَقَدْ عِشْنَا بِهَا زَمَنًا رَغَدًا

Angan-angan mengenang su'da, melepas dahaga.

Dengan angan-angan itu Su'da menuangi kami air dingin di kala haus.

Angan-angan yang sekiranya menjadi kenyataan, tentu menjadi kebahagiaan,

kalaupun tidak, sungguh kami telah hidup senang beberapa waktu dalam angan-angan itu.

Angan-angan adalah sesuatu yang sangat berbahaya bagi manusia. Dia melahirkan sikap ketidak-berdayaan sekaligus kemalasan, dan melahirkan sikap lalai, penderitaan dan penyesalan. Orang yang suka berkhayal saat tak kuasa menjamah realita –sebagai pelampiasannya, maka dia merubah gambaran realita yang dia inginkan ke dalam hatinya; dia mendekap dan memeluknya. Selanjutnya dia akan merasa puas dengan gambaran-gambaran palsu yang dikhayalkan oleh pikirannya.

Padahal itu semua, sedikitpun tidak berfaedah, seperti orang yang sedang lapar dan dahaga, membayangkan sedang makan dan minum, padahal dia tidak sedang makan dan minum.

Perasaan tenang dan puas dengan kondisi semacam ini dan berusaha untuk memperolehnya, menunjukkan kerendahan dan kedinaan jiwa seseorang, sebab kemuliaan jiwa seseorang, kebersihan, kesucian dan ketinggiannya dicapai, tidak lain adalah dengan cara menyingkirkan setiap khayalan yang jauh dari realita, dan dia tidak rela bila hal-hal tersebut sampai melintas di benaknya, serta dia juga tidak sudi hal itu terjadi pada dirinya.

Kemudian *"khatharat"* pikiran yang melintas di hati itu terbagi banyak macam, namun pada pokoknya ada empat:

1- Pikiran yang mengarah untuk mencari keuntungan dunia / materi.

2- Pikiran yang mengarah untuk mencegah kerugian dunia/ materi.

3- Pikiran yang mengarah untuk mencari kemaslahatan akhirat.

4- Pikiran yang mengarah untuk mencegah kerugian akhirat.

Semestinya, seorang hamba menjadikan pikiran-pikiran dan keinginannya hanya berkisar pada empat macam di atas. Bila semua bagian itu ada padanya, maka selagi mungkin dipadukan, hendaklah dia tidak mengabaikannya untuk yang lain. Kalau ternyata pikiran-pikiran yang datang itu banyak dan bertumpang tindih, maka hendaklah dia mendahulukan yang lebih penting, yang dikhawatirkan akan kehilangan kesempatan untuk itu, kemudian mengakhirkan yang tidak terlalu penting dan tidak dikhawatirkan kehilangan kesempatan untuk itu.

Tinggallah sekarang dua bagian lagi, yaitu:

Pertama: yang penting dan tidak dikhawatirkan kehilangan kesempatan untuk melakukannya.

Kedua: yang tidak penting, namun dikhawatirkan kehilangan kesempatan untuk melakukannya.

Dua bagian ini sama-sama mempunyai alasan untuk didahulukan. Di sinilah lahir sikap ragu dan bimbang untuk memilih. Bila dia dahulukan yang penting, dia khawatir akan kehilangan kesempatan yang lain. Dan bila dia mendahulukan yang lain, dia akan kehilangan sesuatu yang penting. Begitulah terkadang seseorang dihadapkan pada dua pilihan yang tidak mungkin dipadukan menjadi satu, yang mana salah satunya tidak dapat dicapai kecuali dengan mengorbankan yang lain.

Di sinilah akal, bijak dan pengetahuan itu berperan. Di sini akan diketahui siapa orang yang tinggi, siapa orang yang sukses, dan siapa orang yang merugi. Kebanyakan orang yang mengagungkan akal dan pengetahuannya, akan anda lihat dia mengorbankan sesuatu yang penting dan tidak khawatir kehilangan kesempatan untuk itu, demi melakukan sesuatu yang tidak penting yang tidak dikhawatirkan kehilangan kesempatan untuk melakukannya. Dan anda tidak akan menemukan seorangpun yang selamat (dan terlepas) dari hal seperti itu. Hanya saja ada yang jarang dan ada pula yang sering menghadapinya.

Dan sebenarnya yang dapat dijadikan sebagai penentu pilihan dalam masalah ini adalah sebuah kaidah agung dan mendasar yang merupakan poros berputarnya aturan-aturan *syar'iyyah* dan *kauniyah*, dan juga pada kaidah inilah dikembalikan segala urusan. Kaidah itu adalah: <u>mendahulukan kemaslahatan yang lebih besar dan lebih tinggi dalam dua pilihan yang ada – walaupun harus mengorbankan kemaslahatan yang lebih kecil</u> – kemudian kaidah itu pula yang menyatakan bahwa kita <u>memilih kemudharatan yang lebih ringan untuk mencegah terjadinya mudharat yang lebih besar</u>.

Jadi, sebuah kemaslahatan akan dikorbankan dengan tujuan mendapatkan kemaslahatan yang lebih besar, begitu pula sebuah kemudharatan akan dilakukan dengan tujuan mencegah terjadinya kemudharatan yang lebih besar.

Pikiran-pikiran serta ide-ide orang yang berakal itu tidak akan keluar dari apa yang telah kita jelaskan di atas. Dan itu misi syariat atau aturan yang dibawa. Kemaslahatan dunia dan akhirat selalu didasarkan pada hal-hal tersebut. Dan pikiran-pikiran serta ide-ide yang paling tinggi, paling mulia dan paling bermanfaat ialah yang bertujuan untuk Allah ﷻ dan kebahagiaan di alam akhirat nanti.

Kemudian pikiran yang bertujuan adalah untuk Allah ini bermacam macam:

Pertama: memikirkan ayat-ayat Allah yang telah diturunkan dan berusaha untuk memahami maksud Allah dari ayat-ayat tersebut; dan memang untuk itulah Allah menurunkannya; tidak hanya sekedar untuk dibaca saja, tetapi membaca hanya sarana saja.

Sebagian ulama salaf mengatakan, "Allah menurunkan Al Qur'an untuk diamalkan, maka jadikanlah membaca Al Qur'an itu (sarana) untuk beramal."

Kedua: memikirkan dan merenungi ayat- ayat atau tanda-tanda kebesaran-Nya yang dapat dilihat langsung; dan menjadikannya sebagai bukti akan asma` Allah, sifat-sifat, hikmah, kebaikan dan kemurahan-Nya. Dan Allah telah menganjurkan hamba-hamba-Nya untuk merenungkan tanda-tanda kebesaran-Nya, memikirkan dan memahaminya; Allah menegur dan mencela orang yang melalaikannya.

Ketiga: memikirkan ni'mat, kebaikan dan berbagai karunia yang Dia limpahkan kepada seluruh makhluk-Nya, dan merenungi keluasan rahmat, ampunan dan kasih saying-Nya.

Tiga hal di atas dapat membangkitkan –di hati seorang hamba– *ma'rifatullah* (mengenal Allah), kecintaan serta perasaan cemas dan harap kepada-Nya. Dan bila tiga hal tadi senantiasa dilakukan, disertai dengan dzikir kepada Allah, maka hati seorang hamba akan diwarnai secara sempurna dengan ma'rifah dan cinta kepada-Nya.

Keempat: memikirkan aib, cela dan kelemahan yang ada pada jiwa dan amal perbuatan. Hal ini memberikan faedah yang sangat besar, pintu utama setiap kebajikan, ia berdampak mematahkan nafsu amarah (hawa nafsu yang selalu memerintahkan keburukkan). Bila nafsu amarah telah patah, tentu nafsu muthmainnah (jiwa yang tenang)lah yang akan hidup, bangkit dan menjadi penentu segala keputusan. Selanjutnya hati menjadi hidup dan kebijakannya didengar diseluruh penjuru, dia perintahkan para ajudan dan prajuritnya untuk melakukan hal yang membawa kemaslahatanya.

Kelima: memikirkan kewajiban terhadap waktu sekaligus bagaimana cara menggunakannya, serta menumpahkan seluruh perhatian guna pemanfaatan waktu. Seorang yang arif, adalah anak zaman, karena dia yakin, bila waktunya disia-siakan, berarti dia telah menyia-nyiakan seluruh kemaslahatannya. Sebab, seluruh kemaslahatan bertumpu pada waktu, bila diabaikan, dia tidak akan terulang kembali untuk selamanya.

Al Imam Asy Syafi'i berkata, "aku pernah berteman dengan orang-orang sufi dan aku tidak mendapatkan manfaat apa-apa dari mereka kecuali dua kalimat saja:

Pertama:

الوَقْتُ سَيْفٌ، فَإِنْ قَطَعْتَهُ وَإِلاَّ قَطَعَكَ

"Waktu itu laksana pedang, bila engkau tidak (menggunakannya untuk) menebas, dialah yang akan menebas (leher)mu."

Kedua:

وَنَفْسُكَ إِنْ لَمْ تُشْغِلْهَا بِالْحَقِّ وَإِلاَّ شَغَلَتْكَ بِالْبَاطِلِ

"Dan dirimu, bila tidak engkau sibukkan dengan kebenaran, maka dialah yang akan menyibukkanmu dengan kebathilan."

Waktu yang dimiliki manusia, adalah umurnya yang hakiki. Waktu juga modal utama untuk kehidupan nan abadi dalam kenikmatan yang kekal, di lain sisi juga modal untuk kehidupan yang sengsara dalam azab yang pedih. Waktu berlalu lebih cepat dari pada awan berarak. Maka, barang siapa yang berhasil menjadikan waktunya untuk

Allah dan bersama Allah, itulah kehidupan dan umurnya yang sejati. Dan waktu yang tidak digunakan untuk Allah tidaklah dihitung sebagai bagian dari kehidupannya, walaupun dia hidup tapi kehidupannya laksana kehidupan binatang ternak. Bila seseorang menghabiskan waktunya penuh dengan kelalaian, syahwat dan angan-angan hampa atau waktunya yang paling banyak digunakan untuk tidur dan leha-leha, maka bagi orang semacam ini "mati" lebih baik dari pada hidup.

Bila seorang hamba –yang sedang melakukan shalat– tidak akan mendapatkan pahala shalatnya selain pada bagian shalat yang dia lakukan dengan khusyu`, begitu juga dengan umur, yang sesungguhnya adalah waktu yang dia habiskan untuk Allah dan bersama Allah.

Pikiran-pikiran yang tidak termasuk salah satu bagian di atas, dapat dikatagorikan sebagai was-was syaithaniyah (bisikan syaitan), angan-angan kosong atau halusinasi bohong, seperti pikiran-pikiran orang yang tidak waras, baik karena mabuk atau terbius, kesurupan dan lain sebagainya. Dimana ketika segala hakikat kenyataan itu tampak, kondisi mereka saat itu mengatakan:

إِنْ كَانَ مَنْزِلَتِيْ فِي الْحَشْرِ عِنْدَكُمْ ❈ مَا قَدْ لَقِيْتَ فَقَدْ ضَيَّعْتَ أَيَّامِيْ

أُمْنِيَةٌ ظَفَرَتْ نَفْسِيْ بِهَا زَمَنًا ❈ وَالْيَوْمَ أَحْسِبُهَا أَضْغَاثَ أَحْلَامٍ

Bila kedudukanku, saat dikumpulkan bersama kalian,

seperti apa yang telah aku temui sendiri (sekarang ini), maka sungguh aku telah menyia-nyiakan hari-hariku.

Angan-angan itu telah menguasai jiwaku dalam waktu lama,

dan hari ini, aku menganggapnya hanya sebagai kembang tidur.

Ketahuilah, sebenarnya pikiran-pikiran yang melintas itu tidaklah membahayakan, namun yang bahaya bila pikiran-pikiran itu sengaja didatangkan dan terjadi interaksi dengannya. Pikiran yang melintas laksana orang lewat di suatu jalan, bila anda tidak memanggilnya dan anda biarkan dia, maka dia akan berlalu meninggalkan anda. Namun bila anda memanggilnya, anda akan terpesona dengan percakapan, dan tipuannya. Tindakan ini akan terasa begitu ringan bagi jiwa yang kosong, penuh kebatilan, dan begitu berat dirasa oleh hati dan jiwa yang suci lagi tenang.

Allah ﷻ telah memasang dua macam nafsu pada diri manusia; nafsu amarah dan nafsu muthmainnah, yang kedua-duanya saling bertolak-belakang. Segala sesuatu yang terasa ringan oleh yang satu, maka akan terasa berat oleh yang lain.

Apa yang dirasa nikmat oleh yang satu, maka akan dirasa siksa oleh yang lain. Tak ada sesuatu yang lebih berat bagi nafsu amarah melebihi perbuatan yang dilakukan karena Allah dan mendahulukan keridhaan-Nya dari pada hawa nafsu, padahal tidak ada amal yang lebih bermanfaat baginya dari amal tersebut. Begitu pula, tidak ada sesuatu yang lebih berat bagi nafsu muthmainnah dari perbuatan yang bukan untuk Allah dan mengikuti kehendak hawa nafsu. Padahal tidak ada amal yang lebih berbahaya baginya dari amal tersebut.

Dalam hal ini, malaikat itu berada disamping kanan hati manusia, sementara syaitan disamping kirinya. Dan perseteruan antara keduanya tidak akan pernah berhenti hingga waktu yang ditentukan (oleh Allah) di dunia ini. Seluruh bentuk kebatilan akan berpihak kepada syaitan dan nafsu amarah, sementara semua macam kebenaran akan berpihak pada malaikat dan nafsu muthmainnah. Dalam perseteruan ini kalah dan menang datang silih-berganti. Dan kemenangan ada bersama kesabaran.

Maka barang siapa yang benar-benar bersabar, berusaha keras dan bertakwa kepada Allah, niscaya baginya balasan yang baik, di dunia dan di akhirat nanti. Dan Allah telah menetapkan sebuah ketetapan yang tidak dapat dirubah selamanya, bahwa balasan baik untuk ketakwaan, dan pahala untuk mereka yang bertakwa.

Hati laksana papan ukiran, dan pikiran-pikiran itu bagaikan tulisan yang diukir di atasnya. Maka, sangat tidak pantas seorang yang berakal mengukir papannya hanya dengan dusta, tipu daya, angan-angan dan fatamorgana yang tidak ada realitanya, hikmah, ilmu dan hidayah tak mungkin dapat dipahatkan bersama ornament tersebut. Apabila hikmah, ilmu dan hidayah ingin dipahatkan pada papan hatinya, maka tak ubahnya seperti penulisan ilmu yang bermanfaat di sebuah lembaran yang sudah dipenuhi tulisan yang tidak berguna. Bila hati tidak dikosongkan dari pikiran-pikiran kotor, maka pikiran-pikiran positif yang bermanfaat tidak akan dapat menetap di dalamnya, karena memang, dia tidak dapat menghuni kecuali tempat yang kosong, seperti yang diungkapkan oleh seorang penyair:

أَتَانِيْ هَوَاهَا قَبْلَ أَنْ أَعْرِفَ الهَوَى ۞ فَصَادَفَ قَلْبًا فَارِغًا فَتَمَكَّنَا

Cintanya telah memanahku sebelum aku mengenal cinta,

Panah asmaranya mengenai hati yang kosong, lalu bersarang.

Olah jiwa di atas banyak dilakukan oleh orang-orang tasawuf, mereka membangun kepribadian mereka dengan cara menjaga hati dari pikiran-pikiran yang melintas, mereka tidak memberikan kesempatan kepada pikiran-pikiran tersebut untuk masuk ke dalam hati, saat hati dalam keadaan kosong, maka dapat melakukan *kasyaf* (menyingkap rahasia) dan menerima hakikat-hakikat yang bermakna tinggi di dalamnya.

Mereka itu menjaga diri dari satu hal, tetapi membiarkan kehilangan banyak hal yang lain, sebab mereka mengosongkan hati dari lintasan-lintasan pikiran sehingga benar-benar kosong dari segala sesuatu, tidak ada apa-apa di dalamnya, maka syaitan memanfaatkan kondisi hati yang kosong ini, ia menabur benih kebatilan di hati tersebut dan menggambarkannya sebagai sesuatu yang paling tinggi dan paling mulia, syaitan meletakkan hal itu sebagai ganti dari jenis pikiran-pikiran yang merupakan bahan dasar ilmu pengetahuan dan hidayah.

Apabila hati itu sudah kosong dari berbagai macam pikiran, maka syaitan datang dan menemukan tempat yang kosong untuknya. Syaitan akan berusaha untuk mengisinya dengan hal-hal sesuai dengan kondisi pemilik hati tersebut. Bila syaitan tidak berhasil mengisinya dengan pikiran-

pikiran nista maka ia mengisinya dengan keinginan melepaskan diri dari keinginan-keinginan – yang sebenarnya – tidak ada kebaikan dan kesuksesan bagi seorang hamba kecuali bila keinginan keinginan tersebut berhasil menguasai hatinya, yaitu: mengosongkannya dari keinginan untuk mengikuti perintah-perintah tersebut secara rinci untuk kemudian melaksanakannya di masyarakat, lalu berusaha menyampaikannya kepada orang-orang dengan harapan mereka juga mau melaksanakannya. Dalam hal ini, syaitan akan berusaha menyesatkan orang yang mempunyai keinginan demikian dengan mengajak untuk meninggalkan keinginan baik tersebut dan melepaskannya, tidak usah memikirkan dunia dan masyarakat di sekitar dengan alasan zuhud.

Syaitan akan membisikkan kepada mereka bahwa kesempurnaan itu dapat mereka capai dengan cara melepaskan diri dan mengosongkan hati dari semua hal itu. Sungguh amat jauh ungkapan tersebut dari kebenenaran, karena kesempurnaan itu hanya dapat diperoleh bila hati itu penuh terisi dengan keinginan dan pikiran yang baik, serta usaha untuk merealisasikannya. Maka, manusia yang paling sempurna adalah mereka yang paling banyak memiliki pikiran dan keinginan untuk tunduk kepada perintah Allah, mencari keridhaan-Nya. Sebagaimana manusia yang paling hina adalah mereka yang paling banyak memiliki keinginan dan pikiran untuk memenuhi hawa nafsunya dimana saja dia berada. Wallahul musta'an (dan Allah-lah tempat mohon pertolongan).

Lihatlah Umar bin Khathab ﷺ, pikirannya penuh dengan keinginan dalam mencari keridhaan Allah, barangkali dia dalam keadaan shalat, namun saat itu dia juga sedang mempersiapkan tentaranya (untuk jihad), dengan demikian dia telah memadukan antara jihad dan shalat, sehingga beberapa ibadah dipadukan dalam satu ibadah.

Ini adalah hal yang mulia dan agung, yang tidak diketahui kecuali oleh mereka yang mempunyai keinginan yang benar-benar kuat, dan pandai mencari, luas ilmunya serta tinggi cita-citanya, dimana dia melaksanakan satu ibadah namun dia memperoleh pahala lebih dari satu ibadah, itulah karunia Allah yang diberikan kepada siapa yang dikehendakinya.

3 – Al Lafazhat (Ungkapan Kata-Kata).

Adapun tentang Al Lafazhat (ungkapan kata-kata), maka cara menjaganya adalah dengan mencegah keluarnya kata-kata atau ucapan yang tidak bermanfaat dari lidahnya. Dengan cara tidak berbicara kecuali dalam hal yang diharapkan bisa memberikan keuntungan dan tambahan agama. Bila ingin berbicara, hendaklah seseorang melihat dulu, apakah ada manfaat dan keuntungannya atau tidak? Bila tidak menguntungkan, tahan lidah agar tidak berbicara, dan bila diperkirakan ada keuntungannya, lihat lagi, apakah ada kata-kata yang lebih menguntungkan lagi dari kata-kata tersebut? Bila memang ada, maka janganlah sia-siakan.

Bila anda ingin mengetahui kondisi hati seseorang, maka lihatlah ucapan lidahnya, suka ataupun tidak suka, ucapan itu akan menjelaskan kepada anda apa yang ada dalam hati seseorang.

Yahya bin Mu'adz berkata, "hati itu laksana panci yang sedang menggodok isinya, dan lidah bagaikan gayungnya, maka perhatikanlah seseorang saat dia berbicara, sebab lidah orang itu sedang menciduk untukmu apa yang ada di dalam hatinya, manis atau asam, tawar atau asin, dan sebagainya. Ia menjelaskan kepada anda bagaimana "rasa" hatinya, melalui ucapan lidahnya, artinya: sebagaimana anda bisa mengetahui rasa apa yang ada dalam panci itu dengan cara mencicipi dengan lidah, maka begitu pula anda bisa mengetahui apa yang ada dalam hati seseorang dari lidahnya, anda dapat merasakan apa yang ada dalam hatinya dengan lidahnya, sebagaimana anda juga mencicipi apa yang ada di dalam panci itu dengan lidah anda.

Dalam hadits Anas ﷺ yang marfu', Nabi ﷺ bersabda:

((لَا يَسْتَقِيْمُ إِيْمَانُ عَبْدٍ حَتَّى يَسْتَقِيْمَ قَلْبُهُ، وَلَا يَسْتَقِيْمُ قَلْبُهُ حَتَّى يَسْتَقِيْمَ لِسَانُهُ))

"Tidak akan istiqamah iman seorang hamba sehingga hatinya beristiqamah (lebih dahulu), dan hati dia tidak akan istiqamah sehingga lidahnya istiqamah (lebih dahulu)."

Nabi Muhammad ﷺ pernah ditanya tentang hal yang paling banyak memasukkan manusia ke dalam neraka, beliau menjawab, *"Mulut dan kemaluan"*. (HR. Turmudzi, dan ia berkata, hadits ini hasan shahih).

Sahabat Mu'adz bin Jabal ﷺ pernah bertanya kepada Nabi ﷺ tentang apa amal yang dapat memasukkannya ke dalam surga dan menjauhkannya dari api neraka? Lalu Nabi memberitahukan tentang pokok, tiang dan puncak yang paling tinggi dari amal tersebut, setelah itu beliau bersabda:

((أَلاَ أُخْبِرُكَ بِمِلاَكِ ذَلِكَ كُلِّهِ؟ قَالَ: بَلَى يَا رَسُوْلَ اللهِ، فَأَخَذَ بِلِسَانِ نَفْسِهِ ثُمَّ قَالَ: كُفَّ عَلَيْكَ هَذَا، فَقَالَ: وَإِنَّا لَمُؤَاخَذُوْنَ بِمَا نَتَكَلَّمُ بِهِ؟ فَقَالَ: ثَكِلَتْكَ أُمُّكَ يَا مُعَاذُ! وَهَلْ يَكُبُّ النَّاسَ عَلَى وُجُوْهِهِمْ – أَوْ عَلَى مَنَاخِرِهِمْ – إِلاَّ حَصَائِدُ أَلْسِنَتِهِمْ))

"Bagaimana kalau aku beritahu pada kalian inti dari semua itu? dia berkata,"ya, wahai Rasulallah," lalu Nabi ﷺ memegang lidah beliau sendiri kemudian bersabda, "jagalah olehmu yang satu ini", maka Mu'adz berkata,"adakah kita disiksa disebabkan apa yang kita ucapkan?, beliau menjawab, "Duhai, malang nian engkau, wahai Mu'adz! Bukankah yang menyungkurkan banyak manusia di atas wajah mereka (ke Neraka) karena hasil (ucapan) lidah mereka?" (HR. Turmudzi, dan ia berkata,"hadits hasan shahih").

Dan yang paling mengherankan bahwa banyak orang yang merasa mudah menjaga dirinya dari makanan yang haram, perbuatan aniaya, zina, mencuri, minum-minuman keras serta melihat hal-hal yang diharamkan dan lain sebagainya, namun merasa kesulitan dalam mengawasi gerak lidahnya, sampai-sampai orang yang dikenal punya pemahaman agama, dikenal dengan kezuhudan dan kekhusyu'an ibadahnya, juga masih mengucapkan kata-kata yang dapat mengundang kemurkaan Allah ﷻ, tanpa dia sadari bahwa satu kata saja dari apa yang dia ucapkan dapat menjauhkannya (dari Allah dengan jarak) lebih jauh dari jarak antara timur dan barat. Dan betapa banyak anda lihat orang yang mampu mencegah dirinya dari perbuatan kotor dan aniaya, namun lidahnya tetap saja membicarakan aib orang-orang, baik yang sudah mati ataupun yang masih hidup, dan dia tidak memperdulikan ucapannya.

Untuk mengetahui hal itu, perhatikanlah hadist yang diriwayatkan oleh Muslim dalam kitab shahihnya, dari Jundub bin Abdillah ﷺ, bahwa Rasulullah ﷺ bersabda:

((قَالَ رَجُلٌ: وَاللهِ لاَ يَغْفِرُ اللهُ لِفُلاَنٍ، فَقَالَ اللهُ ﷻ: مَنْ ذَا الَّذِيْ يَتَأَلَّى عَلَيَّ أَنِّيْ لاَ أَغْفِرُ لِفُلاَنٍ؟ قَدْ غَفَرْتُ لَهُ وَأَحْبَطْتُ عَمَلَكَ))

"Ada seorang laki laki yang mengatakan, "Demi Allah, Allah tidak akan mengampuni si Fulan itu", maka Allah berfirman, "Siapa orang yang bersumpah bahwa aku tidak akan mengampuni si Fulan? sungguh Aku telah mengampuninya dan menghapus amalmu."

Lihatlah, hamba yang satu ini, dia telah beribadah kepada Allah dalam waktu yang cukup lama, namun satu kalimat yang diucapkannya telah menyebabkan semua amalnya terhapus.

Dan di dalam hadits Abu Hurairah ﷺ juga diriwayatkan kisah seperti ini, kemudian Abu Hurairah berkata,"Dia telah mengucapkan satu kalimat yang menghancurkan dunia dan akhiratnya".

Dalam shahih Bukhari dan Muslim, dari Abu Hurairah ﷺ, Nabi Muhammad ﷺ bersabda:

((إِنَّ الْعَبْدَ لَيَتَكَلَّمُ بِالْكَلِمَةِ مِنْ رِضْوَانِ اللهِ لَا يُلْقِي لَهَا بَالاً يَرْفَعُهُ اللهُ بِهَا دَرَجَاتٍ، وَإِنَّ الْعَبْدَ لَيَتَكَلَّمُ بِالْكَلِمَةِ مِنْ سُخْطِ اللهِ لَا يُلْقِي لَهَا بَالاً يَهْوِيْ بِهَا فِيْ نَارِ جَهَنَّمَ. وَعِنْدَ مُسْلِمٍ: إِنَّ الْعَبْدَ لَيَتَكَلَّمُ بِالْكَلِمَةِ مَا يَتَبَيَّنُ مَا فِيْهَا يَهْوِيْ بِهَا فِي النَّارِ أَبْعَدَ مَا بَيْنَ الْمَشْرِقِ وَالْمَغْرِبِ))

"Sesungguhnya seorang hamba terkadang mengucapkan kata yang dicintai Allah, dia tidak menaruh perhatian terhadap kata tersebut, namun ternyata Allah berkenan meninggikannya beberapa derajat. Dan sesungguhnya seorang hamba terkadang mengucapkan satu kata yang dibenci Allah, dia tidak menaruh perhatian terhadap kata tersebut, namun ternyata dengan kata tersebut dia masuk ke dalam neraka Jahannam." Dalam riwayat Muslim, "sesungguhnya seorang hamba itu mengucapkan satu kata yang tidak jelas apa yang dikandungnya, ternyata kata tersebut menjerumuskannya ke neraka (yang jaraknya) lebih jauh dari jarak antara timur dan barat."

Dan dalam riwayat Turmudzi, dari Bilal bin Al Harits Al Muzani ﷺ dari Nabi Muhammad ﷺ, beliau bersabda:

((إِنَّ الْعَبْدَ لَيَتَكَلَّمُ بِالْكَلِمَةِ مِنْ رِضْوَانِ اللهِ مَا يَظُنُّ أَنْ تَبْلُغَ مَا بَلَغَتْ، فَيَكْتُبُ اللهُ لَهُ بِهَا رِضْوَانَهُ إِلَى يَوْمِ يَلْقَاهُ، وَإِنَّ الْعَبْدَ لَيَتَكَلَّمُ بِالْكَلِمَةِ مِنْ سُخْطِ اللهِ مَا يَظُنُّ أَنْ تَبْلُغَ مَا بَلَغَتْ، فَيَكْتُبُ اللهُ لَهُ بِهَا سُخْطَهُ إِلَى يَوْمِ يَلْقَاهُ))

"Sesungguhnya seorang dari kalian terkadang mengucapkan satu kata yang dicintai Allah, dia tidak menyangka (pahalanya) sampai seperti apa yang dia dapatkan, namun ternyata dengan kalimat itu Allah memberikan kepadanya keridhaan-Nya hingga hari dia berjumpa dengan-Nya kelak. Dan sesungguhnya seorang dari kalian terkadang mengucapkan satu kata yang dimurkai Allah, dia tidak menyangka (dosanya) sampai seperti apa yang dia dapatkan, namun ternyata Allah memurkainya sampai dia bertemu Allah kelak." `Alqamah berkata,"betapa banyak ucapan yang tidak jadi aku katakan disebabkan oleh hadits yang diriwayatkan Bilal bin Al Harits ini."

Dalam kitab Jami' At Turmudzi, diriwayatkan dari Anas ﷺ, dia berkata,"ada seorang sahabat yang meninggal, lalu ada seorang laki-laki berkata,"berilah kabar gembira dengan surga", maka Nabi bersabda:

((وَمَا يُدْرِيكَ؟ فَلَعَلَّهُ تَكَلَّمَ فِيمَا لاَ يَعْنِيهِ، أَوْ بَخِلَ بِمَا لاَ يَنْقُصُهُ))

"Dari mana kamu tahu? Barangkali dia pernah mengucapkan (kata) yang tidak ada gunanya atau dia pelit untuk (memberikan) sesuatu yang tidak mengurangi miliknya." (Turmudzi berkata,"hadits ini hasan").

Dalam lafadz hadits yang lain disebutkan:

((إِنَّ غُلَامًا اسْتُشْهِدَ يَوْمَ أُحُدٍ، فَوَجَدَ عَلَى بَطْنِهِ صَخْرَةً مَرْبُوطَةً مِنَ الجُوْعِ، فَمَسَحَتْ أُمُّهُ التُّرَابَ عَنْ وَجْهِهِ، وَقَالَتْ: هَنِيئًا لَكَ يَا بُنَيَّ، لَكَ

الْجَنَّةُ. فَقَالَ النَّبِيُّ ﷺ: وَمَا يُدْرِيكِ؟ لَعَلَّهُ كَانَ يَتَكَلَّمُ فِيمَا لاَ يَعْنِيهِ وَيَمْنَعُ مَا لاَ يَضُرُّهُ))

"Ada seorang anak yang mati syahid diperang Uhud, ditemukan di atas perutnya sebuah batu yang diikat untuk menahan lapar, kemudian ibunya mengusap debu yang ada di wajahnya, sambil berkata lirih, "berbahagialah engkau hai anakku, engkau akan mendapatkan surga", maka Nabi Muhammad ﷺ bersabda, "Dari mana kamu tahu? barangkali dia pernah mengucapkan kata-kata yang tidak berguna baginya, dan enggan melakukan sesuatu yang tidak memudharatkannya."

Dalam shahih Bukhari dan Muslim, dari Abu Hurairah ؓ, bahwa Rasulullah ﷺ bersabda:

(مَنْ كَانَ يُؤْمِنُ بِاللهِ وَالْيَوْمِ الْآخِرِ فَلْيَقُلْ خَيْرًا أَوْ لِيَصْمُتْ))

"Barang siapa yang beriman kepada Allah dan hari akhir, maka hendaklah dia mengatakan yang baik-baik atau diam."

Dan dalam lafadz hadits yang diriwayatkan oleh Muslim disebutkan:

((مَنْ كَانَ يُؤْمِنُ بِاللهِ وَالْيَوْمِ الْآخِرِ فَإِذَا شَهِدَ أَمْرًا فَلْيَتَكَلَّمْ بِخَيْرٍ أَوْ لِيَسْكُتْ))

"Barang siapa yang beriman kepada Allah dan hari akhir, bila ia menyaksikan suatu perkara maka hendaklah ia mengatakan yang baik baik atau diam."

At Tirmidzi meriwayatkan dengan sanad yang shahih dari Nabi Muhammad ﷺ, bahwa beliau bersabda:

((مِنْ حُسْنِ إِسْلَامِ الْمَرْءِ تَرْكُهُ مَا لَا يَعْنِيهِ))

"Termasuk (salah satu tanda) kebaikan Islam seseorang yaitu dia meninggalkan hal-hal yang tidak berguna baginya."

Diriwayatkan dari Sufyan bin Abdillah Ats Tsaqafi, dia berkata:

((قُلْتُ: يَا رَسُوْلَ اللهِ قُلْ لِيْ فِي الْإِسْلَامِ قَوْلاً لَا أَسْأَلُ عَنْهُ أَحَدًا بَعْدَكَ، قَالَ: قُلْ آمَنْتُ بِاللهِ ثُمَّ اسْتَقِمْ، فَقُلْتُ: يَا رَسُوْلَ اللهِ مَا أَخْوَفُ مَا تَخَافُ عَلَيَّ؟ فَأَخَذَ بِلِسَانِ نَفْسِهِ ثُمَّ قَالَ: هَذَا))

"Aku berkata, "Ya Rasulallah, katakanlah kepadaku dalam Islam suatu kalimat yang aku tidak akan menanyakannya kepada seorangpun setelah engkau," Nabi menjawab, "Katakanlah , aku beriman kepada Allah, kemudian istiqamahlah", aku bertanya, "Ya Rasulallah, apa yang paling engkau khawatirkan terhadapku? Kemudian Nabi memegang lidah beliau sendiri lalu bersabda, "ini" (maksudnya lidah, pent). (HR. Turmudzi, dan ia berkata, "hadits ini shahih").

Dan Ummu Habibah isteri Nabi ﷺ meriwayatkan dari Nabi ﷺ beliau bersabda:

((كُلُّ كَلَامِ ابْنِ آدَمَ عَلَيْهِ لَا لَهُ، إِلَّا أَمْرًا بِمَعْرُوْفٍ أَوْ نَهْيًا عَنْ مُنْكَرٍ أَوْ ذِكْرَ اللهِ))

"Semua ucapan anak Adam (manusia) itu akan merugikannya, tidak akan menguntungkannya, kecuali ucapan untuk amar ma'ruf (memerintahkan yang baik), atau nahi mungkar (mencegah perbuatan mungkar), atau dzikir kepada Allah ﷺ." (Tirmidzi berkata,"derajat hadits ini hasan").

Dalam hadits yang lain disebutkan:

((إِذَا أَصْبَحَ العَبْدُ فَإِنَّ الأَعْضَاءَ كُلَّهَا تُكَفِّرُ اللِّسَانَ، تَقُولُ: اتَّقِ اللهَ فِينَا فَإِنَّمَا نَحْنُ بِكَ، فَإِذَا اسْتَقَمْتَ اسْتَقَمْنَا، وَإِنِ اعْوَجَجْتَ اعْوَجَجْنَا))

"Bila seorang hamba berada di pagi hari, maka semua anggota tubuh memberikan peringatan kepada lidah dan berkata, "takutlah engkau kepada Allah, sesungguhnya kami ini tergantung kepadamu, bila kamu istiqamah kami akan istiqamah, dan bila kamu melenceng, kami terbawa serta."

Sebagian ulama salaf menyesali dirinya, hanya karena mengucapkan, "hari ini panas dan hari ini dingin", dan sebagian ulama juga ada yang tidur kemudian bermimpi dan dia ditanya tentang keadaannya, lalu dia menjawab, "aku tertahan oleh satu ucapan yang telah aku katakan, aku pernah mengatakan, "oh, betapa butuhnya orang-orang ini kepada hujan", tiba-tiba ada yang berkata kepadaku, "dari mana kamu tahu itu? Akulah yang lebih tahu tentang kemaslahatan hamba-Ku."

Seorang sahabat berkata kepada khadamnya, tolong ambilkan alas makan kita gunakan untuk bermain-main, lalu dia berkata, "*Astaghfirullah*, aku tidak pernah mengucapkan kata-kata kecuali aku pasti bisa mengendalikan dan mengekangnya, kecuali kata-kata yang tadi ku ucapkan, ia keluar dari lidahku tanpa kendali dan tanpa kekang."

Anggota tubuh manusia yang paling mudah digerakkan adalah lidah, tapi dia juga yang paling berbahaya terhadap manusia...

Ada perbedaan pendapat antara ulama salaf dan khalaf dalam masalah, apakah semua yang diucapkan oleh manusia itu semua akan dicatat, ataukah ucapan yang baik dan yang jelek saja? Di sini ada dua pendapat, namun yang lebih kuat adalah yang pertama.

Sebagian ulama salaf mengatakan, "semua perkataan anak Adam akan merugikan dirinya dan tidak akan menguntungkannya, kecuali ucapan yang dikutip dari kalam Allah dan ucapan Rasul-Nya".

Abu Bakar As Shiddiq ﷺ pernah memegang lidahnya dan berkata, "inilah yang menjebakku ke dalam berbagai masalah," ucapan itu adalah tawanan anda, bila ia sudah keluar dari mulut anda berarti andalah yang menjadi tawanannya. Allah selalu memperhatikan lidah setiap kali berbicara.

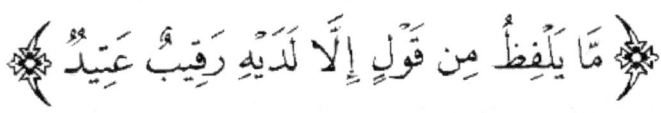

"Tidak suatu ucapanpun yang diucapkan kecuali ada di dekatnya malaikat pengawas yang selalu hadir." (QS. Qaaf: 18).

Bahaya lidah:

Pada lidah terdapat dua penyakit berbahaya. Bila seseorang bisa selamat dari salah satu penyakit maka dia tidak bisa lepas dari penyakit yang satunya lagi, yaitu penyakit berbicara dan penyakit diam. Dalam satu kondisi bisa jadi salah satu dari keduanya akan mengakibatkan dosa yang lebih besar dari yang lain.

Orang yang diam terhadap kebenaran adalah syaitan bisu, dia durhaka kepada Allah, serta bersikap riya' dan munafik bila dia tidak khawatir hal itu akan menimpa dirinya. Begitu pula orang yang berbicara tentang kebatilan adalah syaitan yang berbicara, dia durhaka kepada Allah. Kebanyakan orang sering keliru ketika berbicara dan ketika mengambil sikap diam. Mereka itu selalu berada di antara dua posisi ini.

Adapun orang orang yang ada di tengah tengah –yaitu mereka yang berada pada jalan yang lurus– sikapnya adalah menahan lidah mereka dari ucapan yang batil dan membiarkannya berbicara dalam hal hal yang dapat membawa manfaat untuk mereka di akhirat. Sehingga anda tidak akan melihat mereka mengucapkan kata-kata yang akan membahayakan mereka di akhirat nanti.

Sesungguhnya ada seorang hamba datang pada hari kiamat dengan pahala kebaikan sebesar gunung, namun dia dapati lidahnya sendiri telah menghapus pahala tersebut. Dan ada pula yang datang dengan dosa-dosa sebesar gunung, namun dia dapati lidahnya telah menghapus itu semua dengan banyaknya dzikir kepada Allah, dan hal-hal yang berhubungan dengan-Nya.

4- Al Khuthuwat (Langkah Nyata Untuk Sebuah Perbuatan).

Adapun tentang *Al Khuthuwat* maka hal ini bisa dicegah dengan cara seorang hamba tidak menggerakkan kakinya kecuali untuk perbuatan yang bisa diharapkan mendatangkan pahala dari Allah ﷻ. Bila ternyata langkah kakinya itu tidak akan menambah pahala, maka menyurutkan langkah tersebut tentu lebih baik.

Dan sebenarnya bisa saja seseorang memperoleh pahala dari setiap perbuatan mubah (yang boleh dikerjakan dan boleh juga ditinggalkan, pent.) yang dilakukannya dengan cara berniat untuk Allah ﷻ. Dengan demikian maka seluruh langkahnya akan bernilai ibadah.

Tergelincirnya seorang hamba dari perbuatan salah itu ada dua macam: tergelincirnya kaki dan tergelincirnya lidah. Oleh karena itu kedua macam ini disebutkan berurutan oleh Allah ﷻ dalam firman-Nya:

﴿ وَعِبَادُ ٱلرَّحْمَٰنِ ٱلَّذِينَ يَمْشُونَ عَلَى ٱلْأَرْضِ هَوْنًا وَإِذَا خَاطَبَهُمُ ٱلْجَٰهِلُونَ قَالُوا۟ سَلَٰمًا ﴾

"Dan hamba-hamba Ar Rahman, yaitu mereka yang berjalan di atas bumi dengan rendah hati dan apabila orang-orang jahil menyapa mereka, mereka mengucapkan

kata-kata (yang mengandung) keselamatan." (QS. Al Furqan: 63).

Di sisi lain, Allah menjelaskan bahwa sifat mereka itu adalah istiqamah dalam ucapan dan langkah-langkah mereka, sebagaimana Allah juga mensejajarkan antara pandangan dan lintasan pikiran, dalam firmanNya:

﴿ يَعْلَمُ خَآئِنَةَ ٱلْأَعْيُنِ وَمَا تُخْفِى ٱلصُّدُورُ ﴾

"Allah mengetahui khianat mata dan apa yang disembunyikan oleh hati." (QS. Ghafir: 19).

Semua hal yang kami sebutkan di atas adalah sebagai pendahuluan bagi penjelasan akan haramnya zina, dan kewajiban menjaga kemaluan.

Rasulullah ﷺ bersabda:

((أَكْثَرُ مَا يُدْخِلُ النَّاسَ النَّارَ الفَمُ وَالفَرْجُ))

"Yang paling banyak memasukkan orang ke dalam neraka ialah lidah dan kemaluan." (HR. Ahmad dan At Turmudzi, dan dishahihkan oleh Al Albani dalam silsilah hadits shahih).

Dalam shahih Bukhari dan Muslim diriwayatkan, bahwa Nabi Muhammad ﷺ bersabda:

((لَا يَحِلُّ دَمُ امْرِئٍ مُسْلِمٍ إِلَّا بِإِحْدَى ثَلَاثٍ: الثَّيِّبِ الزَّانِي، وَالنَّفْسِ بِالنَّفْسِ، وَالتَّارِكِ لِدِينِهِ المُفَارِقِ لِجَمَاعَتِهِ))

"Tidak halal darah seorang muslim (ditumpahkan) kecuali sebab tiga hal: orang yang (pernah menikah) melakukan zina, dibunuh (qishash) karena membunuh jiwa, dan orang yang meninggalkan agamanya (murtad) serta meninggalkan jamaah."

Dalam hadits ini ada penyetaraan antara zina dengan kufur dan membunuh jiwa, persis seperti yang terdapat dalam ayat pada surat Al Furqan, juga seperti yang terdapat dalam hadits Ibnu Mas'ud ﷺ.

PENYETARAAN ZINA, KUFUR DAN MEMBUNUH JIWA

Dalam hadits di atas Nabi ﷺ menyebut hal yang paling banyak terjadi secara berurutan. perbuatan zina itu lebih sering terjadi dibanding dengan pembunuhan, dan pembunuhan lebih sering terjadi dibanding dengan riddah (keluar dari agama Islam). Juga urutan diatas berdasarkan dosa besar, kemudian dosa yang lebih besar dan seterusnya. Dan kerusakan yang ditimbulkan oleh zina sungguh bertolak belakang dengan kemaslahatan dalam kehidupan.

Sebab, bila seorang wanita melakukan zina berarti ia telah membuat aib keluarga, suami dan kerabatnya serta mencoreng wajah mereka di hadapan orang banyak. Bila dia sampai hamil kemudian membunuh anaknya, berarti dia telah menggabungkan perbuatan zina dengan pembunuhan, dan jika setelah hamil ia tetap hidup bersama suaminya, berarti dia telah memasukkan pada keluarga si suami dan keluarga si wanita sendiri orang lain yang bukan anggota keluarga mereka. Dan si anak yang tak sah tersebut mungkin mendapat warisan yang bukan haknya, ia melihat aurat dan berkhalwat dengan (ibunya) wanita yang bukan mahramnya, bernasab kepada orang yang bukan bapaknya, Dan masih banyak lagi kerusakan-kerusakan lain yang ditimbulkan oleh zina. Jika yang berzina itu adalah seorang pria, maka hal ini –selain hal yang di atas- juga akan menyebabkan simpang siurnya hubungan nasab, kemudian merusak kehormatan wanita yang terjaga dan menjadikan hidupnya hancur dan binasa.

Jadi, di belakang perbuatan keji ini (zina) terdapat kerusakan dunia dan agama sekaligus. Sungguh betapa banyak pelanggaran terhadap larangan-larangan (pelecehan terhadap kehormatan), penyia-nyiaan hak orang dan penganiayan yang ada di balik perbuatan zina.

Diantara dampak yang ditimbulkan oleh zina adalah bahwa zina dapat mendatangkan kefakiran, memperpendek umur dan membuat wajah pelakunya suram serta menimbulkan kebencian orang.

Termasuk di antara dampaknya pula, bahwa zina dapat memporak-porandakan hati, membuatnya sakit kalau tidak sampai mematikannya, juga mendatangkan perasaan gundah, gelisah dan takut, serta menjauhkan pelakunya dari malaikat dan mendekatkannya kepada setan. Tak ada bahaya –setelah bahaya perbuatan membunuh- yang lebih besar daripada bahaya zina. Oleh karenanya, untuk menghukum pelaku zina Allah mensyariatkan hukuman bunuh (rajam) dengan cara yang mengerikan. Bila ada seseorang yang mendengar kabar bahwa isterinya dibunuh orang, tentu kabarnya lebih ringan dibanding dia mendengar bahwa isterinya berzina.

Sa'ad bin Ubadah ﷺ berkata, "Sekiranya aku melihat seorang pria berzina dengan isteriku, tentu aku akan memenggal lehernya dengan pedang tanpa pikir panjang lagi." Maka sampai perkataan ini kepada Rasulullah ﷺ, lalu beliau bersabda:

((أَتَعْجَبُونَ مِنْ غِيْرَةِ سَعْدٍ؟ وَاللهِ لَأَنَا أَغْيَرُ مِنْهُ، وَاللهُ أَغْيَرُ مِنِّي، وَمِنْ أَجْلِ غِيْرَةِ اللهِ حَرَّمَ الفَوَاحِشَ مَا ظَهَرَ مِنْهَا وَمَا بَطَنَ))

"Apakah kalian heran dengan kecemburuan Sa'ad? Demi Allah, sungguh aku ini lebih cemburu dari dia, dan Alah lebih cemburu dari aku, dan oleh karena betapa agungnya kecemburuan Allah, maka Dia haramkan segala perbuatan keji, baik yang lakhir maupun yang batin." (Muttafaq alaih).

Dalam shahih Bukhari dan shahih Muslim, juga diriwayatkan dari Nabi ﷺ.

((إِنَّ اللهَ يَغَارُ، وَإِنَّ الْمُؤْمِنَ يَغَارُ، وَغَيْرَةُ اللهِ أَنْ يَأْتِيَ الْعَبْدُ مَا حَرَّمَ عَلَيْهِ))

"Sesungguhnya Allah itu cemburu, dan sesungguhnya seorang mu'min itu juga cemburu. Dan kecemburuan Allah itu akan timbul bila seorang hamba melakukan apa yang diharamkan." (HR. Bukhari dan Muslim).

Dalam hadis Bukhari dan Muslim, juga diriwayatkan dari Nabi ﷺ :

((لَا أَحَدَ أَغْيَرُ مِنَ اللهِ، مِنْ أَجْلِ ذَلِكَ حَرَّمَ الْفَوَاحِشَ مَا ظَهَرَ مِنْهَا وَمَا بَطَنَ، وَلَا أَحَدَ أَحَبُّ إِلَيْهِ الْعُذْرُ مِنَ اللهِ، مِنْ أَجْلِ ذَلِكَ أَرْسَلَ الرُّسُلَ مُبَشِّرِينَ وَمُنْذِرِينَ، وَلَا أَحَدَ أَحَبُّ إِلَيْهِ الْمَدْحُ مِنَ اللهِ، وَمِنْ أَجْلِ ذَلِكَ أَثْنَى عَلَى نَفْسِهِ))

"Tak ada seorangpun yang cemburu melebihi Allah, oleh karena itu Allah mengharamkan perbuatan-perbuatan keji, yang lakhir maupun yang batin. Tak ada seorangpun yang lebih senang menerima alasan daripada Allah, oleh karena itu Dia mengutus para Rasul untuk memberikan kabar gembira dan peringatan. Tak ada satupun yang lebih senang dipuji melebihi Allah, oleh karena itu Dia memuji diri-Nya sendiri." (HR. Bukhari dan Muslim).

Juga dalam kitab *Ash-shahihain*, diriwayatkan khutbah Nabi ﷺ di saat shalat gerhana matahari, beliau bersabda:

((يَا أُمَّةَ مُحَمَّدٍ، وَاللهِ لاَ أَحَدَ أَغْيَرُ مِنَ اللهِ أَنْ يَزْنِيَ عَبْدُهُ أَوْ تَزْنِيَ أَمَتُهُ، يَا أُمَّةَ مُحَمَّدٍ، وَاللهِ لَوْ تَعْلَمُونَ مَا أَعْلَمُ لَضَحِكْتُمْ قَلِيلاً وَلَبَكَيْتُمْ كَثِيرًا، ثُمَّ رَفَعَ يَدَيْهِ وَقَالَ: اللَّهُمَّ هَلْ بَلَّغْتُ؟))

"Hai ummat Muhammad, demi Allah, tak ada satupun yang lebih pencemburu dari Allah ketika ada seorang hamba-Nya yang laki-laki atau perempuan berbuat zina. Hai ummat Muhammad, demi Allah, sekiranya kalian mengetahui seperti apa yang aku ketahui, tentu kalian akan sedikit tertawa dan banyak menangis." Kemudian beliau mengangkat kedua tangannya seraya berkata, "Ya Allah, bukankah aku sudah sampaikan?" (HR. Bukhari dan Muslim).

Disebutkannya perbuatan dosa besar ini secara khusus setelah shalat gerhana matahari mengandung isyarat rahasia yang menakjubkan; dan semaraknya fenomena zina merupakan tanda rusaknya tatanan alam, dan itu semua adalah salah satu tanda kiamat; seperti yang disebutkan dalam *As-Shahihain*, dari Anas bin Malik bahwa dia berkata, "aku akan menceritakan kepada kalian sebuah hadits yang tidak akan ada orang yang akan menceritakannya kepada kalian setelah aku. Aku mendengar Rasulullah ﷺ bersabda:

((مِنْ أَشْرَاطِ السَّاعَةِ أَنْ يَقِلَّ الْعِلْمُ، وَيَظْهَرَ الْجَهْلُ، وَيَظْهَرَ الزِّنَى، وَيَقِلَّ الرِّجَالُ وَتَكْثُرَ النِّسَاءُ، حَتَّى يَكُونَ لِخَمْسِينَ امْرَأَةً الْقَيِّمُ الْوَاحِدُ))

"*Di antara tanda-tanda kiamat bila ilmu (syar'i) menjadi sedikit (kurang), dan kebodohan menggejala serta zina menyebar (di mana-mana), jumlah pria sedikit dan jumlah wanita banyak sehingga seorang laki-laki mengayomi lima puluh orang wanita.*" (HR. Bukhari dan Muslim).

Salah satu *sunnatullah* (hukum alam) yang diberlakukan pada makhluk-Nya, yaitu ketika zina semarak di mana-mana, Allah akan murka dan kemurkaannya sangat keras, maka pasti kemurkaan itu akan berdampak pada bumi ini dalam bentuk azab dan musibah yang diturunkan.

Abdullah bin Mas'ud berkata, "Tidaklah riba dan zina merajalela di suatu negri, melainkan Allah memaklumkan untuk dihancurkan."

Seorang pendeta bani Israil pernah melihat anaknya sedang mengerling seorang gadis, lalu dia berkata, "Pelan-pelan, wahai anakku!" kemudian sang ayah itu pingsan di atas tempat tidurnya lalu meninggal, dan isterinya keguguran dan dikatakan kepadanya, "Beginikah caranya engkau marah untuk-Ku (melihat perzinahan hanya mengatakan, "pelan-pelan")? Sungguh, keturunanmu tidak ada yang baik selamanya."

HUKUMAN ZINA MEMILIKI TIGA KEKHUSUSAN

Allah ﷻ mengkhususkan hukuman bagi perbuatan zina dibandingkan dengan hukuman-hukuman lainnya dengan tiga hal :

Pertama: hukuman zina adalah dibunuh (dirajam) dengan cara yang mengerikan. Dalam hukuman zina yang ringan saja, Allah menggabungkan antara hukuman terhadap fisik dengan cambuk dan hukuman terhadap hati/mentalnya dengan cara diasingkan dari negerinya selama satu tahun.

Kedua: Allah melarang hamba-hamba-Nya untuk merasa kasihan terhadap pelaku zina sehingga mencegah mereka untuk memberlakukan hukuman kepada para pezina. Sebab, Allah mansyari'atkan hukuman tersebut didasarkan atas kasih sayang dan rahmat-Nya kepada mereka. Allah sangat sayang kepada kalian, namun kasih sayang tersebut tidaklah mencegah Allah untuk memerintahkan memberlakukan hukuman ini. Oleh karenanya janganlah kasih sayang yang ada di hati kalian menghalangi kalian untuk melaksanakan perintah Allah.

Hal ini –walaupun sebenarnya juga berlaku pada seluruh macam hukuman (hudud) yang disyari'atkan–

namun disebutkan dalam hukuman zina secara khusus, karena memang sangat penting untuk disebutkan di sini, sebab kebanyakan orang tidak mempunyai rasa marah dan sikap kasar terhadap pezina seperti sikap mereka pada pencuri, atau orang yang menuduh berbuat zina atau pemabuk. Hati mereka cenderung lebih kasihan pada pezina ketimbang para pelaku dosa lainnya. Dan realita membuktikan hal itu. Oleh karena itu Allah melarang mereka, jangan sampai rasa kasihan mereka itu membuat tidak ditegakkannya hukuman Allah ﷻ.

Mengapa rasa kasihan pada mereka itu timbul? Penyebabnya adalah: karena perbuatan zina mungkin terjadi pada orang golongan atas, menengah dan bawah. Kemudian, dalam jiwa manusia itu terdapat dorongan yang kuat untuk melakukannya dan orang yang melakukannya juga berjumlah banyak. Dan yang paling banyak menjadi penyebabnya ialah cinta; sementara tabiat hati manusia merasa kasihan terhadap orang yang sedang jatuh cinta, bahkan banyak di antara mereka yang siap memberikan bantuan kepada mereka, walaupun sebenarnya bentuk percintaan itu termasuk yang diharamkan. Dan hal ini tidak diperselisihkan lagi. Dan diakui oleh mayoritas manusia yang cara berfikir mereka tidak jauh berbeda dengan binatang ternak, seperti kisah cinta yang sering diceritakan para jongos dan budak wanita.

Selain itu juga, perbuatan dosa ini (zina) kebanyakan terjadi atas dasar suka dan rela dari kedua belah pihak, bukan dengan pemaksaan, penganiayaan dan pemerkosaan yang membuat jiwa orang-orang geram.

Dalam hal ini, syahwat banyak berpengaruh, sehinga timbullah perasaan kasihan yang mungkin akan menghambat ditegakkannya hukuman Allah ﷻ ini semua timbul dari iman yang lemah. Kesempurnaan iman itu dicapai dengan adanya kekuatan yang dengan itu perintah Allah dapat ditegakkan, juga adanya rahmat (kasih sayang) terhadap orang yang dijatuhi hukuman tersebut, sehingga dia bisa sejalan dengan Allah dalam perintah dan rahmat-Nya.

Ketiga: Allah memerintahkan agar hukuman terhadap pelaku zina (baik itu cambuk ataupu rajam, pent) hendaknya dilakukan di hadapan khalayak orang-orang mu'min, bukan di tempat yang sepi sehingga tidak ada orang yang dapat menyaksikannya. Hal ini dilakukan agar hal tersebut lebih efektif untuk tujuan "*zajr*" (membuat jera pelaku dan membuat takut orang lain melakukannya). Hukuman bagi pezina yang "muhshan" (pernah menikah) diambil dari hukuman Allah terhadap kaum Nabi Luth ﷺ yang dilempar dengan batu. Karena perbuatan zina dan liwath (homoseks yang dilakukan kaum Nabi Luth ﷺ) adalah sama-sama perbuatan fahisyah (keji dan kotor). Keduanya dapat menimbulkan kerusakan yang bertentangan dengan hikmah Allah dalam penciptaan alam semesta. Kerusakan dan bahaya yang ditimbulkan oleh praktek liwath (homoseks) itu sungguh sulit untuk dihitung. Orang yang menjadi korban perbuatan tersebut lebih baik dibunuh daripada jadi objek homo; sebab dia telah tertular kerusakan yang tidak bisa diharapkan untuk baik kembali selamanya. Semua kebaikannya sudah hilang. Bumi sudah menghisap habis rasa malu dari mukanya, sehingga dia tidak akan malu lagi kepada Allah, juga kepada makhluk-Nya. Hati dan jiwa orang tersebut sudah diracuni oleh sperma pelaku liwath seperti pengaruh racun dalam tubuh manusia.

Ada perbedaan pendapat di antara sebagian orang; apakah orang yang menjadi objek liwath bisa masuk surga atau tidak? Dalam hal ini ada dua pendapat. Aku mendengar Syaikhul islam, Ibnu Taimiyah pernah mengungkapkan dua pendapat ini. Mereka yang mengatakan tidak akan masuk surga memberikan hujjah dengan beberapa hal:

Diantaranya, bahwa Nabi ﷺ bersabda:

((لَا يَدْخُلُ الْجَنَّةَ وَلَدُ زَنِيَّةٍ))

"Anak zina tidak akan masuk surga". (HR. Bukhari dalam At tarikh ash shaghir (124), dan derajatnya hasan).

Bila nasib dan kondisi anak hasil zina sudah demikian, padahal dia tidak mempunyai dosa apa-apa, hanya saja dia dicurigai sebagai tempat berbagai kejelekan dan kotoran, serta dia pantas untuk tidak mendatangkan kebaikan apapun selamanya, disebabkan karena dia tercipta dari nuthfah (sperma) yang nista; bila tubuh yang tumbuh menjadi besar dengan barang yang haram saja sangat pantas untuk masuk neraka, maka bagaimana lagi dengan tubuh yang memang tercipta dari sperna yang haram?

Mereka mengatakan, "orang yang menjadi objek liwath itu lebih jelek dari anak hasil zina, lebih hina dan lebih dina pula. Dia itu memang pantas untuk tidak mendapat hidayah kebaikan. Dia juga pantas dihalangi mendapatkan hidayah tersebut. Dan setiap kali dia melakukan amal yang baik, maka Allah akan menggandengkannya dengan amalan lain yang dapat merusaknya, sebagai hukuman baginya. Dan memang jarang kita dapati bahwa orang yang pernah jadi objek liwath di masa kecilnya, kecuali dia akan lebih parah di masa tuanya. Dia tidak berhasil mendapatkan ilmu yang bermanfaat, amal yang shalih dan *taubat yang nasuha*.

Namun setelah diteliti, yang lebih tepat untuk dikatakan dalam masalah ini, yaitu bahwa bila orang tersebut bertaubat dan kembali kepada Allah, kemudian mendapatkan karunia taubat yang nasuha serta amal yang shalih, lalu kondisinya di masa tua lebih baik dari kondisi di masa kecilnya, lalu merubah perbuatan-parbuatan jeleknya dengan berbagai macam kebaikan serta mencuci aibnya dengan beragam ketaatan dan pendekatan diri kepada Allah, juga menjaga pandangan matanya, menjaga kemaluannya dari yang haram dan benar-banar jujur kepada Allah dalam amalannya, maka orang yang semacam ini akan mendapat ampunan dan dia akan termasuk penduduk surga. Bila taubat itu –kita ketahui- dapat menghapus segala macam dosa, sampai dosa syirik kepada Allah, membunuh para Nabi dan para wali Allah, atau sihir, kufur dan lain sebagainya, maka kita tidak boleh membatasi penghapusan terhadap dosa yang satu ini, padahal, dengan keadilan dan karunia Yang Maha Kuasa, hikmah Allah menetapkan bahwa:

((التَّائِبُ مِنَ الذَّنْبِ كَمَنْ لاَ ذَنْبَ لَهُ))

"Orang yang bertaubat dari dosanya sama seperti orang yang tidak berdosa" (HR. Ibnu Majah).

Dan Allah sendiri telah memberikan jaminan bahwa barangsiapa yang bertaubat dari perbuatan syirik, pembunuhan jiwa dan zina, Allah akan mengganti perbuatan-perbuatan jeleknya dengan kebaikan-kebaikan, dan ini adalah ketentuan hukum yang umum mencakup setiap orang yang bertaubat dari berbagai macam dosa.

Allah berfirman:

﴿ قُلْ يَٰعِبَادِيَ ٱلَّذِينَ أَسْرَفُوا۟ عَلَىٰٓ أَنفُسِهِمْ لَا تَقْنَطُوا۟ مِن رَّحْمَةِ ٱللَّهِ إِنَّ ٱللَّهَ يَغْفِرُ ٱلذُّنُوبَ جَمِيعًا إِنَّهُۥ هُوَ ٱلْغَفُورُ ٱلرَّحِيمُ ﴾

"Katakanlah, Wahai hamba-hamba-Ku yang aniaya terhadap diri mereka, janganlah kalian putus asa akan rahmat Allah, sesungguhnya Allah akan mengampuni seluruh dosa, sesungguhnya Dia Maha Pengampun dan Maha Pengasih." (QS. Az-Zumar: 53).

Dan tidak akan keluar dari keumuman ayat ini satu macam dosa pun. Namun hal ini hanya khusus bagi mereka yang bertaubat.

Bila ternyata orang yang menjadi objek liwath di masa tuanya lebih jelek dari masa kecilnya, tidak mendapatkan karunia taubat nasuha dan amal shalih, tidak segera mengganti ketaatan yang dia tinggalkan dan tidak pula mau menghidupkan apa yang sudah ia matikan, juga tidak mengubah perbuatan-perbuatan jeleknya dengan kebaikan, maka orang semacam ini sulit untuk mendapatkan husnul khatimah yang dapat memasukkannya ke dalam surga di saat akan meninggal kelak. Hal itu sebagai hukuman atas perbuatan yang jelek dengan kejelekan lainnya, sehingga bertumpuklah hukuman perbuatan jelek yang akan diterimanya, sebagaimana Allah juga memberikan ganjaran bagi sebuah perbuatan baik dengan perbuatan baik selanjutnya.

PARA PELAKU MAKSIAT DIKHAWATIRKAN AKAN MATI DALAM SU'UL KHATIMAH

Bila anda perhatikan kondisi kebanyakan orang saat sakaratul maut menjemput, anda akan melihat bahwa mereka terhalangi untuk mendapatkan husnul khatimah, sebagai hukuman akibat perbuatan-perbuatan jelek mereka.

Al-hafizh Abu Muhammad Abdul Haq bin Abdurrahman Al Isybili berkata[1], "ketahuilah bahwa su'ul khatimah itu (semoga Allah menjauhkan kita darinya) mempunyai beberapa penyebab. Ada jalan-jalan dan pintu-pintu yang menghantarkan kepadanya. Penyebab, pintu dan jalan yang paling besar adalah larut dengan urusan keduniaan, tidak perhatian dalam urusan akhirat dan berani maksiat kepada Allah. Bisa saja ada seseorang yang sudah terbiasa melakukan kesalahan atau maksiat tertentu, sehingga menguasai hatinya, akalnya tertawan oleh kebiasaan tersebut, pelita hatinya padam dan terbentuklah tabir yang menutupinya. Akibatnya, teguran tidak lagi akan berguna, nasihat tidak lagi akan bermanfaat dan bisa saja kematian datang menjemput saat dia dalam keadaan demikian. Lalu datanglah panggilan kebaikan dari sebuah tempat yang jauh, namun dia tidak dapat memahami maksudnya. Dia tidak tahu apa yang diinginkan oleh panggilan itu, sekalipun orang yang meneriakkan panggilan itu terus mengulangi dan mengulanginya lagi".

([1]) Dalam kitab *Al-'Aqibah fi Dzikril Maut Wal Akhirat*, hal.178: 181.

Diriwayatkan, bahwa ada seorang anak buah An Nashir (salah seorang pemimpin di masa Mamlukiyyah) yang menjelang sakaratul maut, kemudian anaknya berkata, "ucapkanlah, *laa Ilahaa Illallah!*" orang itu berucap, "An Nashir adalah tuanku." Diulangi ucapan itu kepadanya, namun jawaban orang itu tetap sama. Tiba-tiba orang itu tidak sadarkan diri dan setelah dia siuman dia berucap lagi, "An Nashir adalah tuanku". Begitulah terus menerus setiap kali dikatakan kepadanya ucapan, "laa Ilaaha Illallah" dia malah berucap, "An Nashir adalah tuanku". Kemudian ia berkata kepada anaknya , " Hai fulan, sesungguhnya An Nashir itu dapat mengenalmu hanya dengan pedang dan keberanianmu membunuh (berperang)". Kemudian dia meninggal dunia.

Abdul Haq berkata, "pernah dikatakan juga kepada orang lain (yang saya mengenalnya) ucapkanlah, laa Ilaaha Illallah dia malah berucap, " tolong rumah yang di sana itu diperbaiki, dan kebun yang di sana dikerjakan…"

Abdul Haq juga berkata, "di antara riwayat dari Abu thakhir As Silafiy yang mana dia telah mengizinkan aku untuk meriwayatkannya, yaitu sebuah kisah dimana ada seorang pria yang sedang sakaratul maut, kemudian dikatakan kepadanya, ucapkanlan 'laa Ilaaha Illallah' namun dia malah mengatakan kata-kata dengan bahasa Persia yang artinya: sepuluh dengan sebelas (maksudnya, boleh berhutang sepuluh tapi bayarnya sebelas, pent).

Dan pernah dikatakan pula pada orang lain, ucapkanlah laa Ilaaha Illallah dia malah mengatakan "mana jalan ke pemandian *manjab*?

Kata Abdul Haq, "jawaban yang diucapkannya itu ada ceritanya. Suatu ketika pria tersebut berdiri di depan rumahnya. Rumah tersebut pintunya menyerupai pintu sebuah tempat pemandian, tiba-tiba di situ lewat wanita cantik dan bertanya, 'mana jalan ke pemandian manjab ? dia menjawab (sambil menunjuk ke pintu rumahnya), ini dia pemandian manjab itu! Maka, wanita itu pun masuk ke dalam rumahnya sampai kebelakang. Setelah dia sadar terjebak di rumah sang pria dan tahu bahwa dia sedang ditipu, dia pura-pura menampakkan rasa gembira dan suka cita karena pertemuannya dengan pria itu. Kemudian wanita itu berkata, "sebaiknya (sebelum kita berkumpul) engkau harus mempersiapkan untuk kita apa-apa yang dapat membuat keindahan kehidupan kita sekaligus menyenangkan hati kita". Dengan segera pria itu menjawab,' sekarang juga aku akan membawakan untukmu semua yang kamu inginkan dan senangi". Lalu dia pergi ke luar dan meninggalkan si wanita dalam rumah, dan tidak menguncinya. Kemudia ia mengambil barang yang bisa dibawa, lalu kembali ke rumah. Tapi saying, si wanita telah keluar dan pergi. Sedikitpun wanita itu tidak mengambil apa-apa dari rumahnya. Pria itu akhirnya mabuk kepayang dan selalu ingat wanita itu tadi. Dia berjalan di lorong-lorong dan gang-gang sambil mengatakan:

يَا رُبَّ قَائِلَةٍ يَوْمًا وَقَدْ تَعِبَتْ ❈ كَيْفَ الطَّرِيْقُ إِلَى حَمَامِ مُنْجَابٍ ؟

Wahai tuhan, dimana wanita yang mengatakan suatu hari dalam kondisi letih, mana jalan ke pemandian munjab?

Suatu saat, waktu dia mengucapkan bait syair tadi, ada seorang wanita berkomentar dari jendela pintu rumahnya:

هَلاَّ جَعَلْتَ سَرِيْعًا إِذْ ظَفَرْتَ بِهَا

حِرْزًا عَلَى الدَّارِ أَوْ قُفْلاً عَلَى البَابِ

Mengapa di saat sudah mendapatkannya tidak dengan segera,

engkau menutup rumah atau mengunci pintunya ?

Mendengar itu ia tambah mabuk kepayang. Begitulah terus kondisinya sehingga bait syair itu menjadi kata-kata terakhirnya saat meninggal dunia."

Suatu malam, sufyan Ats-tsauri menangis sampai pagi. Di pagi itu ada yang bertanya kepadanya, " adakah semua yang kau lakukan ini karena takut akan dosa ?" lalu sufyan mengambil segenggam tanah seraya berkata, "dosa lebih ringan dari segenggam tanah ini, aku menangis karena takut akan su'ul khatimah."

Sungguh, ini adalah pemahaman yang cemerlang, seseorang khawatir dosa-dosanya akan membuatnya terhina di kala meninggal dunia nanti, sehingga dia terhalang untuk memperoleh husnul khatimah.

Al Imam Ahmad pernah menyebutkan bahwa Abu Darda' di saat sakaratul maut, dia pingsan tak sadarkan diri, kemudian dia siuman dan membaca:

$$\text{﴿ وَنُقَلِّبُ أَفْئِدَتَهُمْ وَأَبْصَارَهُمْ كَمَا لَمْ يُؤْمِنُوا بِهِ أَوَّلَ مَرَّةٍ وَنَذَرُهُمْ فِي طُغْيَانِهِمْ يَعْمَهُونَ ﴾}$$

"Dan (begitulah) kami memalingkan hati dan penglihatan mereka seperti mereka belum pernah beriman kepadanya pada permulaannya, dan kami biarkan mereka bergelimang dalam kesesatannya yang sangat" (QS. Al An'am: 110).

Dan oleh karena itu, para ulama salaf khawatir kalau dosa-dosa itu dapat menghalangi mereka untuk memperoleh husnul khatimah.

Abdul Haq juga berkata, "ketahuilah bahwa su'ul khatimah itu (semoga kita dilindungi oleh Allah darinya) tidak akan terjadi pada orang yang istiqamah dan shahih lahir dan batin, kenyataannya tidak pernah didengar dan diketahui (*walillahilhamd*).

Su`ul khatimah akan menimpa orang yang dasarnya sudah rusak atau senantiasa melakukan dosa besar dan mengerjakan kemaksiatan. Barangkali itu menjadi kebiasaannya, sehingga kematian datang menjemputnya sebelum sempat bertaubat, akhirnya dia meninggal sebelum memperbaiki dirinya, urat nadinya dicabut sebelum dia kembali kepada Allah, sehinga saat itu setan berhasil merenggut dan menyambarnya disaat yang genting tersebut. *Na'udzu billah!*"

Diriwayatkan bahwa di mesir dulu ada seseorang yang selalu pergi ke masjid untuk adzan dan melakukan shalat.

Wajahnya berwibawa dan penuh cahaya ibadah. Suatu hari dia naik ke menara seperti biasanya untuk adzan, di bawah menara itu ada rumah seorang nashrani, dia melongok ke dalam rumah tersebut, dan melihat anak perempuan pemilik rumah itu, akhirnya ia tergoda dengannya, lalu dia tinggalkan adzan saat itu, dan turun untuk menemuinya, dan masuk ke dalam rumahnya. Anak perempuan itu bertanya, "ada apa, apa yang kamu inginkan?" Dia menjawab, "Aku menginginkan kamu. Dia bertanya lagi, "mengapa demikian?" dia menjawab, "sungguh engkau telah menawan jiwaku dan menguasai seluruh relung hatiku." Perempuan itu berkata, "Aku tidak akan pernah memenuhi keinginanmu selamanya." Pria tadi menjawab, "aku akan mengawinimu lebih dahulu." Perempuan itu berkata, "engkau seorang muslim, aku Nasrani, ayahku tidak akan mengawinkan aku denganmu. Lelaki itu berkata, "aku akan masuk agama Nasrani!" Maka wanita itu berkata, "jika kamu lakukan itu, maka aku mau!" akhirnya lelaki itu resmi masuk Nasrani agar dapat kawin dengannya. Diapun tinggal bersama mereka. Dan pada hari itu, dia naik ke atap rumah tersebut, kemudian jatuh dan langsung mati.

Kasihan, dia tidak berhasil mendapatkan perempuan tersebut dan dia kehilangan agamanya.

Diriwayatkan pula, ada seorang laki-laki yang senang kepada seseorang. Kesenangan dan kecintaannya semakin kuat, sehingga menguasai hatinya. Bahkan, dia sampai jatuh sakit dan harus tidur istirahat karenanya. Sementara orang yang dicintai itu tidak mau menemuinya. Dia benar-benar tidak suka dan menjauh darinya. Sementara itu orang-orang berusaha mempertemukan keduanya, sehingga ia berjanji untuk menemuinya. Orang-orang datang membawa kabar tersebut, diapun gembira dan sangat bersuka-cita. Sesak di dadanya terasa hilang. Ia menunggu waktu yang dijanjikan. Di saat itu, tiba-tiba datang orang yang akan mempertemukan keduanya, lalu menyampaikan, "dia sudah berangkat bersamaku sampai di tengah perjalanan, namun dia kembali lagi. Aku terus mendorong dan merayunya, tapi dia berkata, "orang itu ingat dan menyebut-nyebut aku dan dia pun bergembira dengan kedatanganku. Namun aku tidak akan masuk ke tempat yang meragukan. Aku tidak akan mempersembahkan diriku untuk tempat-tempat yang mencurigakan. Aku terus membujuknya, namun dia tidak mau dan terus pergi. Mendengar hal itu, orang yang sakit tadi langsung menjatuhkan diri dan kembali sakit dengan kondisi yang lebih parah lagi dari sebelumnya, tanda-tanda kematian sudah tampak di wajahnya, saat itu dia mengatakan dalam untaian syair:

يَا سَلْمَى يَا رَاحَةَ الْعَلِيْلِ ۞ وَيَا شِفَا المدنف النحيل

رِضَاكَ أَشْهَى إِلَى فُؤَادِي ۞ مِنْ رَحْمَةِ الْخَالِقِ الْجَلِيْلِ

Wahai salma, wahai penenang hati yang sakit.

Wahai obat bagi tubuh yang kurus.

Keridhaanmu lebih diharapkan oleh hatiku,

ketimbang rahmat Allah yang maha pencipta dan maha mulia.

Maka abdul Haq Al Isybili berkata kepadanya, "wahai fulan, takutlah engkau kepada Allah!! dia menjawab, "semuanya sudah terjadi, akhirnya aku meninggalkannya.

Dan belum lagi aku melewati pintu rumahnya, aku medengar jerit suara kematiannya.

Kita berlindung kepada Allah dari *su'ul khatimah*.

CPSIA information can be obtained
at www.ICGtesting.com
Printed in the USA
BVHW050733240323
661010BV00015BB/743